ISBN 9781923175044

Sneaky Press is the imprint of Sneaky Universe.

www.sneakyuniverse.com

First published in 2023

Sneaky Press

Melbourne, Australia.

O Livro de Fatos Aleatórios sobre o Espaço

Sneaky Press

Conteúdos

Primeiros no Espaço

O primeiro foguete a atingir o espaço foi em 1942.

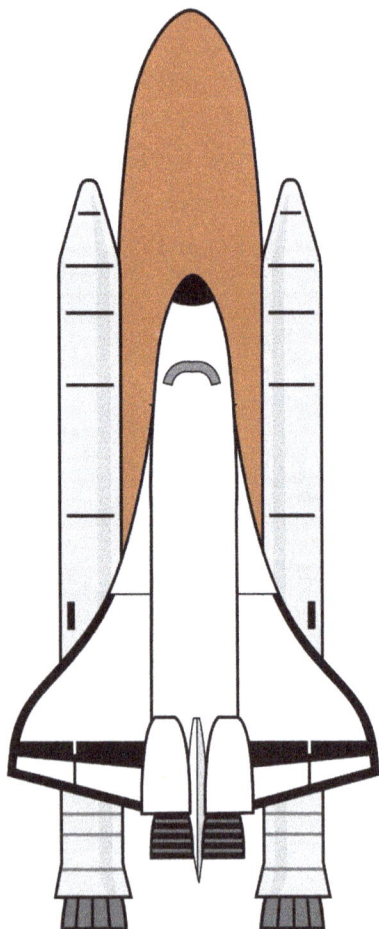

Mosca-das-frutas foram enviadas ao espaço em 1947.

O primeiro mamífero enviado ao espaço foi um macaco chamado Albert II em 1949.

Em 1957, uma cadela chamada Laika orbitou a Terra.

Luna 1, uma nave espacial russa não tripulada, pousou na lua em 1959.

O cosmonauta russo Yuri Gagarin foié o primeiro humano a chegar no espaço em 12 de abril de 1961 a bordo do Vostok 1. Ele passou 108 minutos lá e orbitou a Terra uma vez.

Em 20 de fevereiro de 1962, o astronauta americano John Glenn orbitou a Terra 3 vezes a bordo do Friendship 7. Ele passou quatro horas e 55 minutos no espaço.

A primeira mulher no espaço foi a cosmonauta russa Valentina Vladimirovna Tereshkova em 16 de junho de 1963. Ela passou 70 horas no espaço e orbitou a Terra 48 vezes.

Frank Borman, Jim Lovell e Bill Anders, astronautas da Apollo 8, foram os primeiros humanos a orbitar a Lua em 24 de dezembro de 1968.

Em 18 de março de 1965, o cosmonauta russo Alexei Leonov foi o primeiro homem a caminhar no espaço.

Os astronautas Neil Armstrong, Buzz Aldrin Jr. e Michael Collins foram os primeiros humanos a pousar na lua em 20 de julho de 1969.

Armstrong e Aldrin foram os primeiros a caminhar na Lua.

Tamanho no Espaço

Mercúrio
Diâmetro
4879 km

Plutão
Diâmetro
2374 km

Nossa lua
Diâmetro
3474 km

Marte
Diâmetro
6771 km

Vênus
Diâmetro
2 104 km

Netuno
Diâmetro
49 244 km

Terra
Diâmetro
12 742 km

Urano
Diâmetro
50 724 km

Saturno
Diâmetro
116 464 km

Júpiter

Diâmetro

139 822 km

Sol
Diâmetro
1.391016 milhões km

O sol representa 99,86%
da massa no sistema
solar.

Fatos aleatórios sobre Mercúrio

Mercúrio deve seu nome a uma homenagem ao deus romano dos comerciantes e viajantes.

Você pesaria 62% menos em Mercúrio do que na Terra.

Mercúrio não tem luas ou anéis.

Um dia de Mercúrio equivale a 176 dias terrestres.

A Mariner 10 foi a primeira nave espacial a visitar Mercúrio em 1974.

Mercúrio é o segundo planeta mais quente.

Não se sabe quem descobriu Mercúrio.

Um ano de Mercúrio leva 88 dias terrestres.

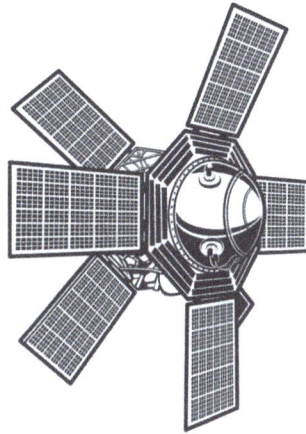

Fatos aleatórios sobre Vênus

Vênus **deve seu nome** ao deus romano do amor.

Um ano de Vênus leva 225 dias terrestres.

Um dia em Vênus equivale a 117 dias terrestres.

A temperatura da superfície em Vênus pode chegar a 471 °C, sendo ele o planeta mais quente do nosso sistema solar.

Vênus não tem luas.

Vênus é o segundo objeto mais brilhante no céu noturno.

Vênus gira na direção oposta à maioria dos outros planetas.

Fatos aleatórios sobre Marte

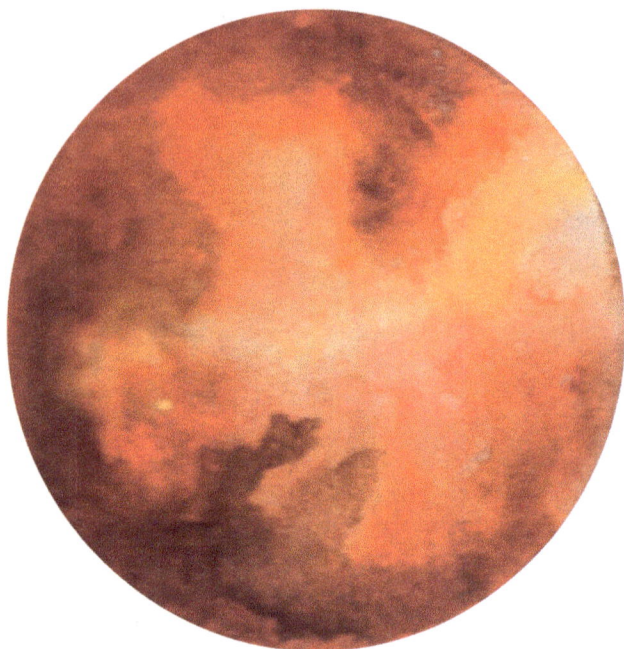

Marte deve seu nome ao deus romano da guerra.

Marte tem duas luas, Fobos e Deimos.

Apenas 18 missões em 40a Marte foram bem-sucedidas.

Há sinais de água líquida em Marte.

O pôr do sol em Marte é azul.

Marte tem as maiores tempestades de poeira do nosso sistema solar. Elas podem durar meses e cobrir todo o planeta.

Marte abriga a Olympus Mons, a montanha mais alta do sistema solar.

Fatos aleatórios sobre Júpiter

Júpiter deve seu nome ao rei romano de todos os deuses, ele também é o deus da luz.

Oito espaçonaves visitaram Júpiter.

Um dia de Júpiter equivale a 9 horas e 55 minutos terrestres - o mais curto do nosso sistema solar.

A Grande Mancha Vermelha de Júpiter é uma tempestade que dura há pelo menos 350 anos. É tão grande que três Terras caberiam nela.

Júpiter emite mais energia do auela que recebe do Sol.

Júpiter orbita o Sol uma vez a cada 11,8 anos terrestres.

Júpiter tem nuvens feitas principalmente de cristais de amônia e enxofre.

Júpiter tem 79 luas conhecidas, incluindo a maior lua do nosso sistema solar, Ganímedes.

Um dia de Júpiter equivale a 9 horas e 55 minutos terrestres - o mais curto do nosso sistema solar.

Fatos aleatórios sobre Saturno

Saturno **deve seu nome** ao deus romano da agricultura.

Saturno pode ser visto sem um telescópio no céu noturno.

Saturno orbita o Sol uma vez a cada 29,4 anos terrestres.

Quatro naves visitaram Saturno.

Saturno tem os anéis mais amplos do sistema solar, constituídos principalmente por pedaços de gelo e poeira. Os anéis têm uma extensão de mais de 120.700 km em relação ao planeta.

Saturno é o planeta mais plano.

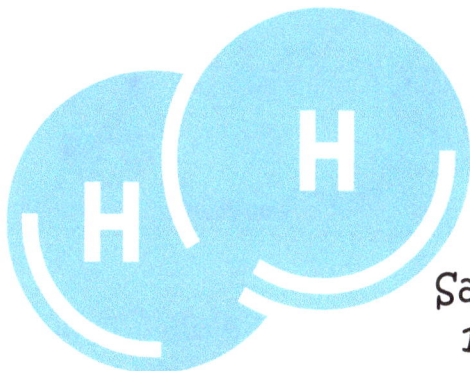

Saturno é composto principalmente por hidrogênio.

Saturno tem 150 luas e pequenas luas menores.

Se você dirigisse um carro em um dos anéis de Saturno, a uma velocidade de 100 km/h, levaria mais de 14 semanas para completar uma volta.

Fatos aleatórios sobre Urano

Urano deve seu nome ao deus romano do céu.

Urano tem 27 luas.

Um dia em Urano equivale a 17 horas e 14 minutos na Terra.

Urano faz uma viagem à volta do sol a cada 84 anos terrestres.

Apenas uma nave espacial, a Voyager 2, já passou por Urano em 1986.

Urano tem dois conjuntos de anéis muito finos e escuros.

Urano é o planeta mais frio com temperaturas atmosféricas mínimas registradas de -224 graus Celsius.

Fatos aleatórios sobre Netuno

Netuno deve seu nome ao deus romano do mar.

Netuno tem 14 luas.

A atmosfera de Netuno é composta principalmente de hidrogênio e hélio, com algum metano.

Netuno gira rapidamente em seu eixo.

Apenas uma nave espacial, a Voyager 2, já passou por Netuno em 1989.

Netuno tem uma coleção muito fina de anéis.

Netuno tem ventos de alta velocidade que circulam pelo planeta a até 600 metros por segundo.

Fatos aleatórios sobre Plutão

Plutão deve seu nome ao deus romano do submundo.

Plutão foi reclassificado de planeta para planeta anão em 2006.

Plutão é menor que a lua da Terra.

Plutão tem cinco luas conhecidas.

Plutão não é o único planeta anão em nosso sistema. Existem outros quatro planetas anões: Ceres, Haumea, Makemake e Éris.

Plutão tem uma órbita elíptica e às vezes está mais perto do sol do que Netuno.

Plutão é um terço água.

A única nave espacial a passar por Plutão foi a New Horizons em 2015.

Fatos aleatórios sobre a Lua

A lua é o único satélite natural que orbita a Terra.

A lua não tem atmosfera.

A lua está em órbita síncrona ao redor da Terra. Isso significa que sempre vemos o mesmo lado da Lua.

A gravidade na lua é 83% menor do que na Terra. Isso significa que, se houvesse uma piscina na Lua, os nadadores poderiam saltar para fora da água como golfinhos, lançando-se mais de um metro de altura.

Há pelo menos um eclipse solar a cada 18 meses. Um eclipse solar ocorre quando a Lua passa bem na frente do Sol e projeta sua sombra na Terra.

A lua não tem um lado escuro. O lado que nunca vemos é iluminado pelo sol com tanta frequência quanto o lado que vemos.

Uma lua azul não é realmente azul. É o nome dado à segunda lua cheia que acontece em um mês, geralmente uma vez a cada 2-3 anos.

Devido à ausência de atmosfera, as pegadas na lua permanecerão lá por 100 milhões de anos.

Há pelo menos dois eclipses lunares todos os anos. Pode haver até quatro. Um eclipse lunar acontece quando a Lua passa para a sombra da Terra, bloqueando a luz solar que normalmente cai sobre a Lua. Durante um eclipse lunar, ainda vemos a Lua, mas ela tem um tom vermelho fraco.

A lua está a 384.402 km da Terra.

Fatos aleatórios sobre galáxias

A Via Láctea contém entre 100 - 400 bilhões de estrelas.

Nossa galáxia, a Via Láctea, tem aproximadamente 13,6 bilhões de anos.

A Galáxia Andrômeda é nossa vizinha, mais próxima da nossa.

Existem 4 tipos principais de galáxias: Elíptica, Espiral Normal, Espiral Barrada e Irregular. Nossa galáxia, a Via Láctea é uma galáxia Espiral Barrada.

Acredita-se que existam mais de 500 bilhões de galáxias no universo!

Fatos aleatórios sobre asteroides e cometas

Os asteroides têm vários tamanhos. Podem ter somente alguns metros ou centenas de quilômetros de largura.

Acredita-se que existam mais de um milhão de asteroides no espaço no atualmente.

Os asteroides são separados por pelo menos vários quilômetros, então evitá-los ao voar pelo espaço não é difícil.

Cometas são como bolas de neve no espaço. São feitos de água congelada e gás, rocha e epoeira.

O cinturão de Kuiper é uma região em forma de disco composta por cometas, asteroides e planetas anões. Acredita-se que existam milhares de corpos maiores do que 100 km e trilhões de cometas nele.

O Cometa Halley é o mais antigo documenta do, com a primeira observação registrada na China antiga em 240 a.C. Ele orbita o Sol a cada 75 anos.

O núcleo de um cometa geralmente é menor que 10 km, mas, à medida que se aproximam do sol, os gases congelados evaporam e o núcleo pode se expandir para mais de 80.000 km.

A cauda de um cometa, que pode ter milhões de quilômetros de comprimento, aparece quando ele se aproxima o suficiente do Sol e começa a derreter.

Fatos aleatórios sobre a Estação

Normalmente, há sete pessoas vivendo e trabalhando na Estação Espacial Internacional.

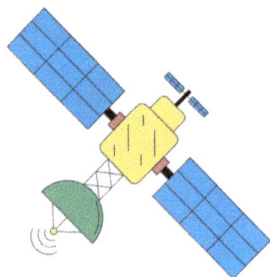

A Estação Espacial Internacional é operada por cinco agências espaciais e 15 países.

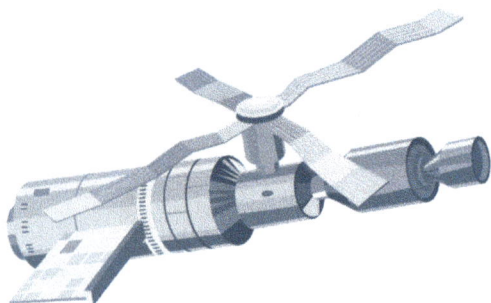

A Estação Espacial Internacional está operando continuamente desde novembro de 2000.

Oito naves podem ser conectadas à estação espacial, se necessário.

Em 24 horas, a estação espacial orbita a Terra 16 vezes.

A estação espacial tem 109 metros de comprimento.

Algumas naves levam apenas quatro horas para chegar à estação espacial da Terra.

Existem aproximadamente 350.000 sensores monitorando a tripulação na estação espacial para garantir que eles estão saudáveis e seguros.

A estação espacial percorre a distância equivalente à Lua e volta todos os dias.

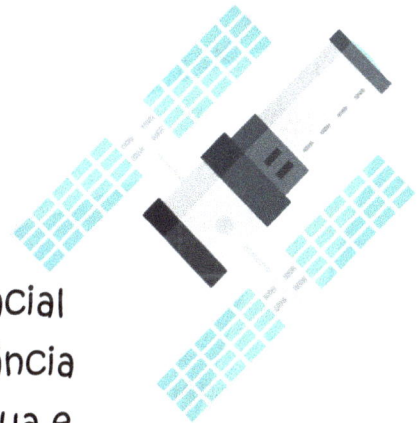

Existem quatro naves cargueiras que entregam suprimentos à estação espacial: Cygnus da Northrop Grumman, Dragon da SpaceX, HTV da JAXA e a russa Progress.

Os astronautas na estação espacial precisam malha duas horas diárias para evitar perda muscular e óssea.

Fatos aleatórios sobre o espaço

Cada lançamento de um shuttle custa 450 milhões de dólares.

Para se libertar da gravidade da Terra, uma nave espacial tem de viajar a uma velocidade de aproximadamente 24.000 quilômetros por hora.

Devido à falta de gravidade, se você chorar no espaço, suas lágrimas não cairão.

Canetas normais
não funcionam no
espaço devido à
falta de gravidade.

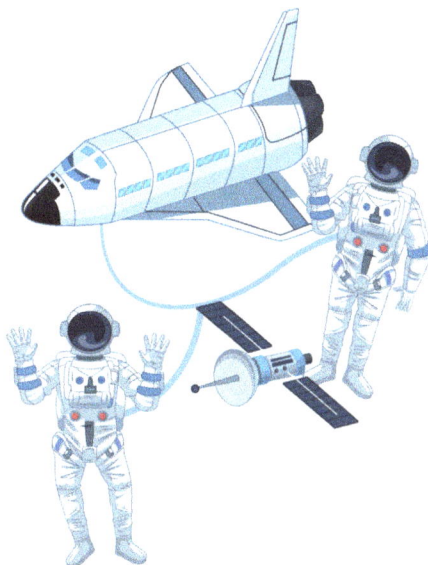

O sol viaja ao redor
da galáxia uma vez a
cada 200 milhões de
anos.

Um shuttle espacial
precisa de 1.9
milhões de litros de
combustível para
atingir espaço. Isso é
combustível
suficiente para
encher até 42.000
carros!

Devido à falta de atmosfera, o
espaço é completamente
silencioso. As ondas sonoras não
têm como viajar pelo ar. Os
astronautas usam rádios para se
comunicar porque as ondas de
rádio não precisam de
atmosfera.

Outros fatos aleatórios sobre o espaço

O primeiro alimento comido no espaço foi purê de maçã.

Devido à falta de gravidade, as pessoas são 5 cm mais altas no espaço.

Você não pode arrotar no espaço porque a falta de gravidade não permite que o ar no estômago suba do alimento que foi comido.

O primeiro satélite artificial no espaço foi o Sputnik. Foi lançado em outubro de 1957.

O primeiro refrigerante consumido no espaço foi Coca-Cola.

As estrelas parecem cintilar porque a luz é interrompida ao passar pela atmosfera da Terra.

As origens da palavra astronauta se traduzem em "marinheiro das estrelas".

Outros Títulos na Série
Fatos Aleatórios

O Livro de Fatos Aleatórios sobre Aviões

Pauline Maikoun

O Livro de Fatos Aleatórios sobre Carros

Mark Maikoun

Pauline Maikoun

O Livro de Fatos Aleatórios sobre o Cérebro

Pauline Maikoun

O Livro de Fatos Aleatórios sobre Linguagem

Pauline Maikoun

O Livro de Fatos Aleatórios sobre o Sono

Pauline Maikoun